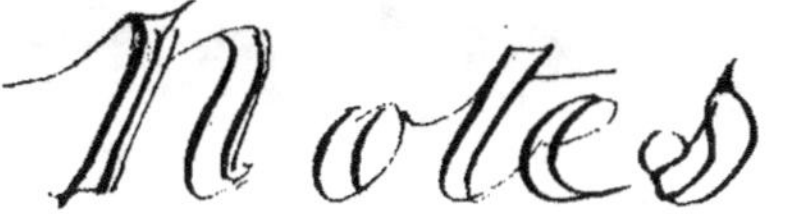

Vente du Samedi 14 Décembre 1872.

TABLEAUX

ANCIENS

Exposition Publique : Le Vendredi 13 Décembre 1872.

Mᵉ **CHARLES PILLET,**
COMMISSAIRE-PRISEUR.

MM. **DHIOS et GEORGE,**
EXPERTS.

CATALOGUE

DE

TABLEAUX

DES ÉCOLES

Française, Flamande & Hollandaise

ARTOIS, BOILLY, B. BREEMBERG, BREYDEL, CREPIN,
baron GÉRARD, GILLEMANS, GOYA, VAN GOYEN, JORDAENS, VAN KESSEL,
LAJOUE, LARGILLIÈRE, LEPRINCE, LOUTHERBOURG,
MEMLING, PALAMÈDES, JEAN STEEN, TENIERS, STROZZI, TIEPOLO,
TOURNIÈRES, TRINQUESSE, ETC., ETC.

Grand tableau de bataille par PIERRE WOUWERMAN

DONT LA VENTE AUX ENCHÈRES PUBLIQUES AURA LIEU

HOTEL DROUOT, SALLE N° 2,

Le Samedi 14 Décembre 1872

A DEUX HEURES.

Par le ministère de Me CHARLES PILLET, commissaire-priseur,
rue de la Grange-Batelière, 10.
Assisté de MM. DHIOS et GEORGE, expert, rue Lepeletier, 33.

Chez lesquels se trouve le présent Catalogue

Exposition publique : Le Vendredi 13 Décembre 1872.
DE UNE HEURE A CINQ HEURES.

CONDITIONS DE LA VENTE.

Elle sera faite au comptant.

Les adjudicataires payeront *cinq pour cent* en sus des enchères.

L'exposition mettant le public à même de se rendre compte de l'état des objets, il ne sera admis aucune réclamation une fois l'adjudication prononcée.

Paris. — Typ. Pillet fils aîné, 5, rue des Grands-Augustins.

DÉSIGNATION

ARTOIS (VAN)

1 — Paysage avec figures de D. Téniers.

BARTHELEMY (J.-Simon)

2 — Portrait de « dame Julie de Villeneuve Vence de
Saint-Vincent, petite-fille de madame de Sévigné. »

Ce tableau est accompagné de sa gravure.

BASSAN

3 — La Nativité.

BOILLY

4 — Portrait de Laplace, l'illustre mathématicien.
Signé.

BOILLY (FILS)

5 — Voyageurs.

BRAUWER

6 — Fumeur.

BREENBERG (B.)

7 — Ruines et figures.
Signé et daté.

BREYDEL

8-9 — Batailles.
Deux pendants.

CHARLIER

10 — Femme couchée.

CLOUET (ÉCOLE DE)

11 — Portrait de jeune femme dans un élégant costume
du xvi⁰ siècle.

CRAESBECK

12 — Homme pansant sa blessure.

CRÉPIN

13-14 — Le Matin et le Soir.

Deux pendants.

CREPIN.

15 — Paysage.

DECAMPS (Attribué à)

16 — Singe artiste.

DESHAYES

17 — Portrait de jeune femme représentée sous les attributs de Flore.

DROUAIS

18 — Portrait de jeune fille avec fleurs dans les cheveux.

FRANCESCHINI

19 — Mariage mystique de sainte Catherine.

GERARD (F. LE BARON)

20 — La reine Hortense et ses deux fils.

GILLEMANS (P. MATTHIEU)

21 — Fruits variés.

Signé des initiales.

GIORDANO

22-23 — Sujets mythologiques.

Deux pendants.

GIRODET

24 — L'Enlèvement de Flore.

GOMEZ (SÉBASTIEN)

25 — La Vierge et l'Enfant Jésus.

GONZALÈS COQUES

26 — Personnages et animaux dans un parc.

GOYA

27 — Le Retour du bain.

GOYEN (JAN VAN)

28 — Marine ; temps orageux.

GRIFFIER LE VIEUX (JEAN)

29 — Paysage boisé et figures.

GUASPRE POUSSIN

30 — Paysage, site italien.

HALLÉ (V. A.)

31 — Portrait de Hubert Robert.

Pastel.

HERRERA (LE VIEUX)

32 — Saint Jérôme.

HUET

33 — Paysage.

JORDAENS

34 — Adoration des bergers.

Beau tableau de ce maître.

JORDAENS

35 — Tête d'homme.

KESSEL (JAN VAN)

36 — Le Renard et la Cigogne.

Signé.

37 — Chiens et oiseaux aquatiques.
Signé.

LAJOUE

38 — Le Menuet.

LANCRET (Attribué à)

39 — Le Nid d'oiseaux.

LANCRET (Attribué à)

40 — Pastorale.

LARGILLIÈRE

41 — Portrait d'un ministre sous Louis XIV.

Probablement l'esquisse d'un portrait de plus grande dimension.

LATOUR

42 — Portrait de Mme du Châtelet.
Pastel.

LEMOINE

43 — Adonis partant pour la chasse.

LEPRINCE (J. B.)

44 — La Coupe de Benjamin.

LEPRINCE (J. B.)

45 — La Visitation.

LERICHE

46 — Guirlandes de fleurs.

LE SUEUR

47 — Voyage de saint Bruno.

LOUTHERBOURG

48 — Le Mouton chéri.

Signé et daté.

MEMLING (HANS)

49 — Christ bénissant.

Signé du monogramme dans l'auréole.

MIGNARD (NICOLAS)

— 50 — La Vierge, l'Enfant et deux Saints.

NOEL

— 51 — Marine.

Signé.

NOTER (J. DE)

— 52 — Grappes de raisin.

OMMEGANCK

53 — Les Bergers.

OTTO VENIUS

54 — Christ en croix, la Vierge, Marie-Madeleine et saint Jean.

PALAMÈDES

55 — Réunion galante.

PALAMÈDES

56 — Concert dans un salon.

PANINI

57 — Ruines et figures.

58 — Pendant du précédent.

PASTER

59 — Dessin.

RICCI

60 — Saint Evêque.

ROMEYN (W. VAN)

61 — Paysage avec animaux.

SCHIDONE (BARTOLOMÉO)

62 — La sainte Famille.

SLINGELAND

63 — Scène galante.

SOLIMÈNE

64 — Tête de jeune fille drapée de bleu.

STEEN (JAN)

65 — La Correction conjugale.

Scène d'intérieur avec six personnages.

STELLA

66 — Fuite en Égypte.

STORELLI

67 — Vue de la vallée d'Orse.

Aquarelle.

STROZZI (BERNARDINO)

68 — Saint Thomas touchant les plaies du Christ.

Tableau important et d'une belle qualité de ce maître.

SUBLEYRAS

69 — La Présentation au Temple.

SUBLEYRAS

70 — Sujet religieux.

TENIERS

71 — Le Repas.

Signé et daté.

TIEPOLO (G. B.)

72 — Le Triomphe de la Foi.

TOURNIÈRES

73 — Portrait d'un magistrat du temps de Louis XIV.

TRINQUESSE

74 — Portrait d'actrice.

Signé et daté 1769.

VERNET (JOSEPH)

75 — Marine.

VLIEGER (SIMON DE)

76 — Combat naval.

VLIEGER (SIMON DE)

77 — La Flotte.

WOUWERMAN (PIERRE)

78 — Bataille à l'entrée d'un pont.

Importante composition.

A. V. R. (Initiales)

79 — La Passion.

ÉCOLE FLAMANDE.

80 — Réunion de dames et seigneurs revêtus d'élégants
costumes du temps de Louis XIII.

ÉCOLE FRANÇAISE

81 — La Vielleuse.

82 — Portrait d'homme.

ÉCOLE ITALIENNE (XVᵉ SIÈCLE)

83 — Petit panneau gothique représentant le Calvaire.

ÉCOLE ITALIENNE (XVᵉ SIÈCLE)

84 — Saint Évêque.

Peinture sur fond doré avec son encadrement du temps.

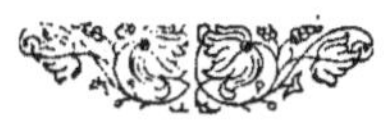

9 782329 498379